$Y\frac{c}{f}$ 2902 - 2906

PIECES.

Contenues en ce Volu
mes

1, Tragedie De Sichem
Revisseur

par Fr.
Perrin

2, Esau ou le Chasseur
en Forme de Tragedie

3, La Machable Trage
die du martyre
des sept freres
et de Salomone
leur mere

4: Thobie Trag- Come
die nouvelle tirée
de la S: bible par
Jaques Ovayn Loue
ren.

Nic. de
Montreux

5 Joseph le Chaste Co
medie par le Sieur
du mont - Sacre
gentilhomme du
maine

Y 4347
B.

Réserve

DIVERSES
TRAGEDIES
SAINCTES, DE
PLVSIEVRS AV-
theurs de ce temps.

Recueillies par Raphael du
Petit Val.

A ROVEN,

DE L'IMPRIMERIE,
De Raphaël du Petit Val, Libraire
& Imprimeur ordinaire du Roy.
1 6 0 6.

ARGUMENT.

LA femence d'Abraham arrou-
fée des benedictions de l'Eternel, eftoit heureufement fertille, tandis qu'elle produifoit
les fruits d'obeiffance, de refpect, de foy, & de vertu: Mais
deffors que cefte race fi long temps guidée par
le flambeau des graces cœleftes, au milieu des
deferts du monde & du Paganifme, commen-
ça a for-ligner du fentier de la Loy, tracé dans
le cœur de ce peuple fingulierement efleu, le
Seigneur retira aucunement la main de fa conduite, & fift eclipfer dans les ombres de fon
Ire le bel & clair aftre de fes faueurs, le laiffant
chopper, trauerfer, & terraffer en fes voyes o-
blieques & efgarées.

Tefmoing Dine (fille de Iacob) laquelle
s'emancippat de l'obeiffance & du refpect deu
à Dieu & à fon Pere: Eftant vn iour conduite
par curiofité en la ville de Salem, pour voir les
femmes de cefte contrée, ne tarda gueres a
receuoir le chaftiment de fon entreprife trop
temeraire & audacieufe, veu que la bien-fean-
ce deffend aux filles de s'eclipfer des yeux de

A ij

leurs Parents : Car elle qui de Mesopotamie auoit soubz les aisles de son bon Pere Iacob gardé parmy tant de perils sa vie & son hōneur iusques en la terre de Chanaan , se voyant rauyr par l'impudicque Sichem fils d'Emor Roy du pays, son honneur qu'elle tenoit cent & cent fois plus cher que la vie, fist perdre a Emor & a Sichem son fils , la vie qu'ils tenoyent mille & mille fois plus chere que l'honneur, sans que la Couronne & le Sceptre dōnt Sichem vouloit recompenser sa chasteté violée (la prenāt à femme) peust guarantir son chef, celuy de son Pere, & de tous les habitans de Salem , de la dextre vengeresse de Symeon, de Leui, & des autres enfans de Iacob.

Ces choses hardiment accomplies , le bon vieillard troublé de l'ignominie de sa fille , & du sang des Chananeans cruellement espandu, par ses enfans , lesquels violerent la foy qu'il auoit donnée à Emor & à Sichem de luy laisser sa fille pour espouse en se faisant circoncir, le Roy son pere, & tout le peuple, leur reprocha vne si grande cruauté, mais la iuste douleur qui les arma pour venger l'infamie de leur race, leur inspira soudainement la responce, que Sichem ne debuoit abuser de leur sœur comme d'vne Paillarde.

L'argument de ceste Tragedie est extraict du Liure de Genese, 34. Chapitre.

QVATRAIN.

Quand la fille a Iacob par Si-
    chem fut rauie,
Il en cousta la vie a la race
    d'Emor:
Car Dine a qui l'hōneur fut plus
    cher que la vie,
Ne se contenta point d'vne Cou-
    ronne d'or.

              I. D. H.

AVCTEVRS.

Emor *Roy de Chanaan*.

Lie *femme de Iacob*.

Iacob.

Sichem *fils d' Emor*.

Sobal.

Dine *fille de Iacob*.

Le Chœur des Hebrieux.

Symeon.

Leui.

Trope.

Le Chœur des Sichimites.

Demy Trope des Enfans de Iacob.

TRAGEDIE DE
SICHEM
RAVISSEVR.

ACTE PREMIER.

EMOR.

D'OV vient cette frayeur qui me
 troublele les sens?
D'ou cent mille esguillons qu'au
 fond du cœur ie sens?
Quell' fureur m'a forgé mille ar-
 dantes tenailles,
Qui viennent sans cesser bourreler mes entrailles?
Soit que l'ombreuse nuict me retienne au seiour,
Soit que i'en sois tiré par l'estoile du iour,
Tousiours deuant mes yeux quelque maudit presage
Engendre dans mon ame vne nouuelle rage.
Le Corbeau croassant citoyen des deserts,
Ne presente à mes sens que le fond des enfers,
Les Corneilles qui sont au malheur destinçes
Viennent prognostiquer la fin de mes annees,
Les chesnes foudroyez & les hurlantes voix,
Les orages tonnants & leurs sifflants abbois,
Les foudres, les esclairs, la petillante gresle,
Les noirs estourbillons qui rouënt pesle mesle,

A iiij

Les grands cheurons de feu qui se pendent en l'air,
Les comettes hydeux que i'aduise voler,
Les rayons alumez qui par sente incognue
Horriblent à mes yeux l'estoile cheuelue,
Bref le ciel ennemy ne rechante à Emor
Que tourments, que malheurs que la sanglante mort.

    L'espouuentable effroy de la mort & du songe,
En vne mer d'ennuys à toute heure me plonge.
Tantost ie voy ma ville & mon pays en sang,
Tantost ie voy moüiller l'espee dans mon flanc,
Tantost en mon palais il naist vne fournaise,
Qui couure mes subiects & leurs biens en la braize.
Que veult dire cecy? pourroy-ie bien nourrir
Quelqu'vn dans mes palais qui me feroit mourir?
Qui seroit ce meschant? cette ame desloyale,
Qui ensanglanteroit la maiesté royale?

    Ie tien plus cher que moy mon Sichem qui est né
Afin qu'apres ma mort il soit Roy couronné.
A peine eut il lasché le sein de sa nourrice,
Que moy-mesme luy feis d'vn bon pere l'office,
Esperant de le voir (estant la paruenu)
Le naturel pilier de mon age chenu:
Seroit il bien l'outil de ma perte future?
Seroit il bien formé en despit de nature,
Pour faire fondre en sang mon hyuer langoureux?
Ah! ah! pere dolent! ah pere douloureux!
Aurois-tu bien tenu si chere son enfance
Pour payer tes vieux ans de telle recompense?
Aurois-tu bien, meschant, le cœur si endurcy,
Que d'enferrer celuy qui te faict viure icy?
Quoy, te prendroit il bien vne damnable enuie,
De saccager celuy duquel tu tiens la vie?
Sichem, mon cher Sichem, non, tu ne voudrois pas
Penser tant seulement vn si estrange cas.

Penser! quoy? la fureur de nostre destinee
Ne nous a elle point mesme mort destinee?
Ah songe malheureux de la derniere nuict,
Combien le souuenir de ton effroy me nuict!
Tu m'as monstré à l'œil ou (s'il faut ainsi dire)
Genie malheureux, tu m'es venu predire
Le carnage sanglant de mon fils & de moy,
Et des hommes encor qui marchent soubz ma loy,
Qui doibuent auiourd'huy d'vne main estrangere
Sentir les durs assaux de l'espee meurdriere.

   I'ay veu vn feu brulant toute ma nation,
Qui prenoit sa naissance en ma propre maison.
D'où vient, cruel flambeau, qu'ainsi tu te despites?
Que ne prens tu pitié de mes ans decrepites?
D'où vient cela aussi impitoyables cieux,
Que vous estes, malins, de mon bien enuieux?
Que me sert il d'auoir sous mes mains cette terre,
Et sentir dedans moy vne mortelle guerre?
Que te sert-il, Emor, d'estre Prince puissant,
Et sentir vn bourreau qui te va menrurissant?
Que te sert le Palais, le Sceptre, & la Couronne,
Puisque ta conscience en ce poinct t'esguillonne?
Que seruent les honneurs, & les tresors enclos,
Qui ne peuuent payer vne heure de repos?
Dequoy me sert le bal les masques, & la dance,
Le farceur Histrion, & la douce cadance,
Les instrumens trouuez pour le plaisir d'vn Roy,
Puisque tout cela m'est vn turbulent effroy,
Qui me vient desrober mon repos, mesme à l'heure
Que ie pense piper l'occasion meilleure ?
Que te sert Roy dolent, l'espesseur d'vn rampart,
Puisque tu as le cœur nauré de part en part?
   O Dieux (s'il est des Dieux) que vos fureurs malines
Vont mon chef menaçant de terribles ruynes!

                                        A v

Ja le feu cracquetant mes moüelles destruict,
Et rend dans ses canaux mon sang à demy cuit.
Deia mille serpens dans mes intestins rampent,
Et leur venin mortel malgré moy y destrampent.

　　Où és-tu maintenant? où, Emor malheureux,
Te traine maintenant le destin rigoureux :
Les petillants esclats & la foudre subite,
Contre les haults sapins plus souuent se despite
Que contre le roncier, ou le buisson pointu,
Qui tant plus il est bas tant moins il est battu,
L'ineuitable coup du feu & de la foudre
Met plustost le rocher trop orgueilleux en poudre
Que le petit caillou qui soudain va courant
Deuant les flots esmeuz d'vn rapide torrent.
Le tonnerre vangeur que le grand Iupin darde
En sa chaude fureur de foudroyer n'a garde
La caze du berger & maigre vilageois,
Ains sur les haults logis de l'auare bourgeois,
Et sur les beaux palais (Ah vengeance seuere)
Et sur les grandes tours il vomit sa colere.
Ainsi le mal, le fer la poison, le danger,
Pardonnent aux petits pour les grands soultrager.

　　O destin malheureux! ne pouuoit donc ta rage
Me couuer & nourrir en vn triste vilage,
Pour ne me laisser voir ses palais sourcilleux,
Ces furieux ramparts, & ses murs orgueilleux
Desquels (comme ie croy) l'irreparable pente
A desia dans mon cœur vne playe entr'ouuerte,
Que ne me fermois-tu ô Ciel malicieux
Que ne me sermois-tu premierement les yeux?
Que ne me faisois tu soubs les ombres descendre,
Premier que de gresler sur les miens tel esclandre
Que ne m'enuois tu (Naucher) du premier iour
Tastonner les sentiers du tenebreux seiour.

Sans traîner iusqu'icy ma miserable vie
Qui d'vn si dur regret maintenant est suyuie,
Que le profond enfer qui ne voit le Soleil,
N'en a iamais songé, ce me semble, vn pareil?
Au milieu de mes biens i'ay extreme disette,
Au milieu des plaisirs, les plaisirs ie regrette
Ie suis de mes subiects, peu s'en faut adoré,
Et de mes passions internes deuoré.
Que les biens, les honneurs, & les estats perissent
Desquels les possesseurs malheureux ne iouyssent,
I'ay la paix au prochain, & au Prince estranger,
Et la guerre intestine ores me vien ronger:
Si i'ay quelque plaisir ce n'est qu'vn pipeur songe,
Car le mal qui me presse en mille erreurs me plonge,
Emor qui ne souloit chercher que ses esbats,
N'imagine que meurdre & furieux combats.
Ah Roy qui n'est plus Roy, mais serf de la fortune
Roy, non plus Roy, mais serf de la cauerne brune
Roy non plus Roy, mais bien la proye du destin
Roy non plus Roy mais bien du hazard le butin
Roy non plus Roy, mais las vn animal diforme,
Roy qui ne retient plus de l'homme que la forme.
Où estes vous mes sens, où vous estes vous mis?
Vienne plustost ce mal briser mes ennemis,
Et si le ciel est prest de vomir sa malice,
Que du tout despité l'estranger il punisse,
Et vienne le malheur dont estonné ie suis,
Perdre ceux qui sont loing, & n on ceux du pays,
Ainsi non tant pour moy que toy ma Patrie
Ie coniure les Dieux, d'adoucir leur furie.

Lie.   Iacob.

D'Oû viennent ces souspirs? d'où ce prompt chan-
      gements?

Iacob.

Du profond de mon cœur, & ne sçay pas comment.

Lie.

Vous est il aduenu quelque nouuelle perte?

Iacob.

Nenny ou pour le moins ie ne l'ay descouuerte.

Lie.

Vos enfans vous ont ils failly en quelque poinct?

Iacob.

Certes ie n'en sçay rien, & n'est ce qui me poingt.

Lie.

Vos troupeaux ne sont ils gras comme de coustume?

Iacob.

Ce n'est de là que vient le regret qui m'alume.

Lie.

Quoy donc? estes vous point contre moy courroucé?

Iacob.

Nenny, car ie ne fus onc par vous offencé.

Lie.

Peut estre vous deplaist cette terre estrangere.

Iacob.

Mon dueil y a trouué l'occasion premiere.

Lie.

Mais d'où vient il ce dueil? Iac. Ie n'en sçay la raison.

Lie.

Si le faut il laisser. Iac. Ie n'en voy la saison.

Lie.

Vos propos nous souloyent plaire plus que l'ombrage
Que nous prenons lassez, estendus sur l'herbage.
Maintenant, ou de dueil, ou de soucy comblé,

Vous fuyuez le defert, où le mont reculé.
Ou, ſi la fin du iour tout laſſé vous rameine,
Nous n'auons que ſouſpirs, que chagrin, & que peine.
Quoy, Iacob, quoy? depuis voſtre abord en ce lieu,
Auez vous oublyé la promeſſe de Dieu?

Iacob.

Oublier le grand Dieu! oublier ſa promeſſe!
Que pluſtoſt du haut ciel la lumiere ſe laiſſe:
Non, non, il me ſouuient du grand Dieu d'Abraham,
Et de ce que ie vis venant en Canaam.
Il me ſouuient auſſi de la rigueur ſeuere,
Et du courroux ardant de Labam voſtre pere,
Lequel, au meſme inſtant que ie n'y penſois pas,
Ourdiſſoit cauteleux, le fil de mon treſpas:
Et me vouloit rauir, d'vne main larronneſſe,
Le labeur tout entier de ma forte ieuneſſe.
Mais ce Dieu d'Abraham & de mes peres vieux,
Qui touſiours me portoit, & me prometoit mieux,
Me feit abandonner ceſte terre ennemie,
Et tout le pays gras de Meſopotamie.
Il a guidé mes pas, conduits par le deſtin
Paſſant les lieux deſerts d'vn eſtrange chemin
Meſme en tous les dangers auſquels ie me hazarde,
Il me donne touſiours ſon Ange pour ma garde.
C'eſt luy qui ſoubz le temps d'vn ſonge gracieux,
Pour ſe monſtrer à moy feit fendre tous les cieux,
C'eſt luy qui preuoyant à l'heur de ma lignee
A ceſte terre icy pour elle deſtinee.
C'eſt ce puiſſant Seigneur qui d'vn ſimple berger
M'a faict vn demy-Roy au pays eſtranger,
Faiſant croiſtre mon bien comme l'herbe nouuelle
Croiſt au giron du pré quand l'an ſe renouuelle.
C'eſt luy qui a calmé de mon frere Eſau,
Animé contre moy, le courroux qu'il a eu:

Et qui nous donne icy vne terre habitable
Comme vn beau Paradis & riche & delectable,
Nous auons les beaux prez escrits de vif email,
Nous auons ce qu'il faut pour nourrir le betail:
Nous auons & le bois & la source bien viue
Qui de rochers prochains iusqu'a nos pieds arriue:
Nous auons & les champs, & la commodité
De tous les biens qui sont en la proche Cité,
Qui de mille habitans & mille frequentee,
Est vis à vis de nous superbement plantee,
Nous auons la faueur benigne des petits
Et du Roy qui les tient soubs soy assubiectis

    Que diray-ie de Dieu qui par la seule grace
Faict peupler à veu' d'œil les surgeons de ma race
Comme l'arene croist dessoubs le beau cristal
Du ruysselet qui va iouant dans son canal?
D'iceux les plus grandets par le moyen de l'age,
Sur les plus ieunes ont deia quelque auantage,
Ruben & Simeon, puis iuda & Leui,
Ne doy-ie en vous voyant estre hors de moy raui?
Vous qui estes support de ma foible vieillesse
Ne doy-ie m'e siouir aupres de la ieunesse
Des autres ne voulans que le mignard coton
Se monstre ouuertement encor sur leur menton?
Azer, Dan, & Ioseph, Nephtalin, & encore
Ysachar Zabulon, & Gad mon petit more,
I'ay Dine aussi qui doit renouueller mes ans
D'vn mary vertueux & de cent beaux enfans,
Cela deuroit suffire à l'age qui doit suyure,
Et pour bien fortuner les ans que ie dois viure:
Ayant plus de bon heur qu'on ne peut souhaitter
Mais quoy? cela ne peut ma douleur contenter
Mais tout cela ne peut esclarcir cet orage
Qui roue incessamment autour de mon courage:

Et les bouillons fumeux qui dedans sont enclos,
Estonnans ma pensee, & mes sens, & mes os.

   Soit que nostre Soleil ses bouquets esparpille
Sur la mer du Leuant ou sur l'Inde fertile :
Soit qu'estant au milieu de son ouurage ourdy
Il eschauffe les bains qui sont soubs le Midy,
Soit qu'au fond de la mer derechef il se plonge,
La langueur, le chagrin, & le soucy me ronge,
Et ne voy point d'ou naist ce qui me tient pressé,
Sinon que le grand Dieu est par moy offensé,
O le dur esguillon ! la dure penitence
Que de sentir vn ver picquer sa conscience.

   Ie ne sçauroy trouuer bien ny contentement
A mon esprit troublé vne heure seulement,
Car tantost vne ardeur mes facultez menace :
Tantost parmy mon sang s'espaißit vne glace :
Le mesnage me put, & le labeur des champs,
Et le Taureau qui fend la terre à beaux tranchans,
Quant aux camus troupeaux, & la bande petite
Qui me donnoit plaisir, ores ie la depite.
Bref malheur me contraint maintenant de fuir
Tout ce qui me souloit autrefois resiouïr.

   I'ay tiré du danger mon opulent mesnage,
Pour venir viure icy en eternel seruage,
I'ay bien sçeu euiter de Laban les dangers
Pour redoubter icy la main des estrangers.
I'ay fuy de Laban la fureur & l'espee,
Mais ie crains que ma force icy soit dißipee.

   Chasse bien loin de moy cet esclandre cruel,
Chasse le loing de moy, ô grand Dieu immortel :
Fay plustost ta faueur sur tout ce peuple estendre
Qui ne veut idolatre, à ta parolle entendre.
Tourne plustost, Seigneur, vers nous les yeux serains,
Chassant (quoy que ce soit) le danger que ie crains.

Sichem, Sobal.   I

IVsques à quand mon cœur sentiras-tu la braize
Et la flamme ondoyer comme en vne fornaize?
Iusques à quand ce feu qui fait ardre mes os,
Sera il le meurdrier cruel de mon repos?
Est-ce encor pour long-temps que ce foudreux orage
Me brulera tout vif dans l'amoureuse rage?
O terre malheureuse! ô maudicte maison!
Ou l'amour me versa tant amere poison,
Ie ne la sçauois pas la langoureuse peine
Dont l'Amour enragé tous ses esclaues geine,
Amour sanglant bourreau, pourqaoy m'as tu osté
Au premier de mes ans ma prime liberté?
Que n'as tu attendu la force de mon age,
Que i'eusse resisté, robuste, à ton outrage?
Est ce ainsi que tu prens aux filets dangereux
Les captifs pour les rendre à iamais malheureux?
   Quel plaisir si tu m'as destinee fatale)
Fait nourrir au milieu d'vne maison royale,
Que me sert la grandeur? & de mon pere Emor
Le sceptre, la couronne, & l'auare thresor?
Que me sert son orgueil & sa puissance braue,
Puisqu'il faut malgré moy que ie chemine esclaue
Dessoubs le ioug meurdrier d'vne serue beauté,
Qui à d'vn seul regard tous mes sens enchanté?
Or va pauure Sichem apres vne estrangere,
Va chetif estre serf d'vne pauure bergere
Qui t'a fait oublier le Royaume & le Roy,
Et fait (ah langoureux) que tu n'es plus à toy.
   Ie croy que tous les Cieux & la rouge tempeste
Vomissent leur fureur maintenant sur ma teste,
Comme le pauure chef que le veneur cruel

A desia transpercé auec vn trait mortel,
Suyt parmy les deserts la voye plus secrette,
Trainant auecques soy la mortelle sagette
Qui est toute enfoncee au milieu de son flanc,
Et se ioue dedans s'abbreuuant de son sang
Ie pery languissant, miserable, ie brusle
Comme au milieu du feu fait vne seiche estuble
Le pauure cerf qui sent de mort les esguillons,
Tasche à les secouer courant sur les sillons,
Mais en vain, car sa mort est dedans luy cachée
Soubs le fer inclement de la flesche laschee:
Ainsi le fer bourreau qui a nauré mon cœur
Triomphe au beau milieu comme cruel vainqueur,
Et n'a deliberé que iamais il en sorte
Que ma vie auec soy homicide il n'emporte.
    Ie ne trouue repos ny de iour ny de nuict,
Le Soleil me deplaist, & la clarté me nuict,
Cependant ce tyran qui dans mon sang se baigne,
Mes plaintes, mes soupirs, & ma vie desdaigne.
    Ah mal estrange trop! qui trop tost as surpris
Et mon corps languissant & mes foibles esprits
Ie ne sçay dire au vray d'ou ce mal me procede:
Et moins encor y puy-ie apporter vn remede
Remede: a quel propos y tendroyent mes desseins?
Le remede n'est pas en l'art des medecins
Et quand bien ils pourroyent m'oster de cette peine,
Ie ne le voudroy pas, car le mal qui me gehenne
Me plaist mille fois mieux que ne fait ma santé:
O grace nompareille ô naifue beauté,

                    Sobal.

Beauté, quelle beauté? Sichem. Celle mesme ou ie
    pense.

                Sobal.
Ou estes vous Sichem? Sic. Hors de ma patience.

Sobal.

Ou estes-vous Sichem. Sic. Ie suis tout hors de moy.

Sobal.

La raison de ce mal? Si. I'en sçay autant que toy.

Sobal.

O martire nouueau. Si. Mais innommee rage.

Sobal.

I as qui vous a charmé? Si. Vne mortelle image.

Sobal.

Mais peult il estre vray? Si. En doubtes-tu encor?

Sobal.

Qu'attendez vous de lui? Si. Iouyssance ou la mort.

Sobal.

Quell' sorciere a charmé vostre ieunesse tendre?

Sichem.

Celle mesme qui sçait les plus rusez surprendre.

Sobal.

Faictes-moy cet honneur le tout me raconter.

Sichem.

Tu me feras plaisir si tu veux l'escouter.
Tu as ouy le bruit de la race ancienne
D'Abraham, qui laissa la terre Caldeenne,
Pour suyure le sentier que son Dieu luy monstra,
Et comme en ce pays, vagabond, il entra,
Et y trouua en fin nostre terre si bonne,
Que pour y habiter sa tante il y ordonne.
Isaac fut son fils, qui de deux qu'il a eu
L'vn se nommoit Iacob, l'autre fut Esau,
Iacob deia grandet, feit vn nouuel eschange
De cette terre icy à vne plus estrange:
Ou en moins de dix ans (ie n'en sçay les moiens)
Il s'accru en enfans, en troupeaux, & en biens:
Mais si tost qu'il sentit qu'on luy portoit enuie,
Il se meit en chemin au danger de sa vie,

Et fans fçauoir comment il a peu efchaper,
Tout viz a viz de nous il s'eſt venu camper.

Sobal.

Encor n'enten-ie rien qui tourment vous apporte,
S'il vous nuiſt en ce lieu, faites tant qu'il en forte.

Sichem.

Sortir, Sobal, fortir? efcoute & tu diras
Autrement, quand à plein le tout tu entendras:
Il ne fut arriué (comme l'on eſt cupide
Touſiours de nouueautez) que foudain ie me guide
Vers ce peuple nouueau, conuoiteux de fçauoir.
Mais alors ie perdy mon fens & mon pouuoir,
Auſſi-toſt que i'euz veu vne ieune pucelle
Qui furpaſſe en beauté toute beauté mortelle,
Deſlors & ma raifon, mes fens & mes efprits
Furent fubitement par ces deux yeux furpris.

Sobal.

Cette ieune fureur ainſi qu'elle eſt fubite
Il faut que bien foudain elle prenne la fuyte:
Monſeigneur corrigez cette aigre paſſion,
Et la chaſſez au loing par autre affection,
Vers les extrmitez de l'Affrique brulée,
Vne terre ie fçay des autres reculée
Pleine d'herbes, de fleurs, & de forciers auſſi,
Qui oſtent & d'amour, & d'aymer le foucy.

Sichem.

Ie ne fçay ny charmeurs, ny infames forcieres,
Quand bien elles romproyent le droit fil des riuieres,
Qui fceuſſent retirer hors de moy la liqueur
Que l'Amour a verfé iufqu'au fond de mon cœur.

Sobal.

Voudriez vous eſtre ferf de ceſte fille eſtrange?

Sichem.

L'aueugle l'Amant ne voit touſiours ou il fe range.

Sobal.
Mais n'auez vous moyen d'eschapper ce tourment?

Sichem.
Las ie le voudroy bien, mais ie ne voy comment.

Sobal.
Si faut-il qu'à vos sens raison serue de guyde.

Sichem.
L'impatient amour n'endure point de bride.

Sobal.
Cette rage sied mal en vn enfant de Roy.

Sichem.
Mais las qui pourroit bien à l'amour donner loy?

Sobal.
L'amour n'a point de lieu ou la vertu resiste,

Sichem.
Tant plus on le repousse, & tant plus il persiste

Sobal.
Il faict mal se fier à vn peuple estranger?

Sichem.
Mais l'exploit genereux se fait il sans danger?

Sobal.
Voyez que vostre esta aux autres ne resemble.

Sichem.
Amour & maiesté ne peuuent estre ensemble

Sobal.
Vn Prince doibt sur tout brider son appetit.

Sichem.
Amour bride le grand, le sage, le petit.

Sobal.
Vostre amye n'est pas d'vne maison royale?

Sichem.
L'on nourrit bien des Roys dans la caze rurale.

Sobal.
Si faut il temperer vn peu ses passions.

Sichem.

L'amour ne sçait dompter ses chaudes actions.

Sobal.

Quelle sera la fin de tant chaude entreprise?

Sichem.

L'amant ensorcelé à l'issue n'aduise.

Sobal.

Que feront cependant les Dieux qui sont là haut?

Sichem.

Qui ayme ses plaisirs des Dieux il ne luy chaut.

Sobal.

Faut il qu'en si bas lieu vn grand Prince se plaise?

Sichem.

C'est c'est tout vn pourueu que son feu il rapaise

Sobal.

Mon cher Seigneur, il faut oublier cet amour?
Et attendre venir pour vous quelque beau iour
Auquel le Roy Emor des ores vous prepare
Vne dame d'honneur & d'vne beauté rare;
Alors ayant vn pair qui vous sera égal,
Heureux vous entrerez dans le lict coniugal.

Sichem.

A celuy qui est sain c'est chose assez facile
D'estre aux douleurs d'autruy clair-voyāt & habile
Mais si tu estois ore en la rage où ie suis,
Tu prendrois i'en suis seur, bien-tost vn autre aduis,
Conclusion, il faut quoy qu'apres il aduienne,
Que tout à mon plaisir cette fille ie tienne.
Si l'on m'en fait refus, & que de quelque part
Ie la puisse choisir reculee à l'escart,
Ie luy feray au long ma volonté entendre:
Mais si à m'escouter son amour ne veut tendre,
Ie iure par les Dieux (si quelques Dieux ie croy,)
Et par les cheueux gris de mon pere le Roy,

Encor qu'il me deuroit couster ma propre vie,
Qu'en despit de ses dents elle en sera rauie.

ACTE DEVXIESME.

Sobal.   Sichem.

Doncques il est conclu. Si. C'est vn point arresté,
C'est trop de peu de cas longuement disputé
Il faut qu'à mon plaisir promptement i'en iouïsse
Va Sobal au palais royal faire seruice:
Et moy ie guideray tellement mes desseins
Qu'vn hazard me mettra la proye entre les mains.

Sobal.

Ah vouloir trop leger, malheureuse alliance,
Que tu trames pour nous vne aspre penitence,
Car tousiours le forfait d'vn Prince abandonné
Retombe sur le chef du peuple infortuné
Ie maudy mille fois & mille encore, l'heure
Que Iacob feit iamis en ce lieu sa demeure.
Cent & cent mille fois soit malheureux aussi
Le iour qui amena cette pucelle icy:
Car ie crain que le mal que ie n'ose pas dire,
N'en attire apres soy vn qui soit encor pire.

DINE.

Plus ie sens le doux air de cette region,
Tant plus i'entre estonnée en admiration,
Et voyant la douceur de la terre feconde,
I'estime qu'il n'en est point de telle en ce monde,
Si ie tourne mes yeux vers le riche matin,

Ie voy de mille odeurs le signalé butin,
Si vers le bas du iour quelquefois ie regarde,
Le cedre, le palmyer, le cypres qui s'y garde
De sa verte beauté me rauit hors de moy.
Quand du Midy ardant la grand'traicle ie voy,
Se sont mille coustaux plains de vignes pamprees:
Deuers la Bize sont estendues les prees
Peintes de mille fleurs qui au soupir du vent
Balent deuant les yeux du beau Soleil leuant:
Par là les ruisselets dessus l'arene blonde
Crespez de mille pliz, s'escoutent onde à onde,
Ou le iour, quand il vient vn peu sur le declin,
Voit pancher nos troupeaux sur le bord cristalin.
Le Nil impetueux rend l'Egypte fertille,
Mais pres de cette terre elle semble sterile,
L'arabe, le Persan mesme l'Assirien
Aupres de ce pays ie ne l'estime rien,
Mais n'oseroy-ie aller en la Cité voisine,
Pour voir si la gent est ou clemente ou maligne?
Si les filles y sont d'vne telle beauté,
Qu'elles sont au pays de ma natiuité?
Il faict mal se fier à la gent incognue:
Toutesfois des le iour qu'icy ie suis venue,
I'ay tousiours desiré & desire de voir
Ce que cette Cité de riche peut auoir:
La nature se plaist aux choses differentes,
Et à nous sont aussi les nouueautez plaisantes:
Mes freres sont aux chaps, & mon pere est trop doux
Pour entrer pour cela contre moy en courroux.

SICHEM.

O Qu'est-ce que ie voy! ô beauté non humaine!
C'est-toy par qui ie suis en eternelle peine:

Helas ie ne sçay plus si maintenant ie vy,
Ou bien si ie suis hors de moy-mesme rauy.
Plus que le long esclair ou la foudre brillante
Qui le pauure berger d'vn tonnerre espouuante
M'a rendu estonné ce visage si beau,
O Image celeste! ô miracle nouueau!
O Vierge au teinct vermeil plus delicate & tendre
Que le caillé qu'on voit dessus le ionc estendre:
Ie fremy dedans moy quand ie veux approcher
Cherchant le bien que i'ay en ce monde plus cher.
Ah malheureux Sichem! tu vois ce qui t'enflamme,
Tu sens à gros bouillons ondoyer ceste flamme
Tu vois ce qui te peult faire viure & mourir,
Et n'oses cependant ton grand feu descouvrir.
Si la pucelle m'est à ce coup rigoureuse,
(Car de premier abord vne fille est honteuse
Quand à sa chasteté quelqu'vn veult faire effort)
Que deuiendray-ie lors? & quel genre de mort
Me sera le plus prompt? quel bourreau? quel supplice
Fera d'vn fils de Roy le sanglant sacrifice?
Sichem, non plus Sichem: quelle rage te prend?
Quel maniaque esprit, malheureux, te surprend?
Tu soulois commander à toute vne prouince.
Tu soulois piapher dans le thrône d'vn Prince
Tu soulois apres toy tirer mille valets
Tu soullois sans soucy viure dans vn Palais
Te voyla maintenant le serf d'vne incognuë,
Qui est tout freschement en ta terre venuë,
Et n'as (ah aueugle) ny esbats ny plaisir
Qu'a desirer cela dont tu ne peux iouir.

Que sert il à Sichem que superbe il commande,
Puisqu'il faut que seruant d'vne serue il se rende?
Que sert-il à Sichem d'estre le fils d'vn Roy,
Puisque le malheureux n'est plus maistre de soy?

Que

Que sert il à Sichem d'auoir esté si braue,
Pour estre maintenant d'vne serue l'esclaue?

   Miserable amoureux! quand le bon heur te vient
Sur le poinct de le prendre, vne honte te tient.
Vne honte te tient? il faut de cette honte,
Des estats & grandeurs ores ne tenir conte.
La fortune tousiours fauorise aux hardis,
Et chasse loing de soy les cœurs acouardis:
Ie sen mille serpents ramper dans mes entrailles,
Ie sen la dedans mesme infinies batailles,
Ia crainte, le soucy & l'amour & l'honneur,
Et l'obiect ou est peinct mon mal ou mon bon heur
Cet honneur me deffend de faire violence,
Mais l'amour qui s'est ioinct auec l'impatience,
Ia de ce dur conflict a gaigné le dessus.
C'est faict, il faut mourir, ou en iouir. Or sus,
Toy qu'on dict presider sur l'amoureuse rage,
Si ton pouuoir est tel donne moy l'aduantage:
Ou si tu ne le peux, venez à mon secours
Ombres, qui auez ia paracheué le cours
Des l'age infortuné qui languissant me traine,
Et qui comme vn bourreau me tire sur la geine:
Si vous sentites onc ce que peut l'amitié,
C'est à ce coup qu'il faut auoir de moy pitié.
Si cela ne me sert, toy Idole infernale
(Si quelque chose peut ta deité fatale)
Fay moy descendre vif dans l'enfer tenebreux,
Qui (comme on dict) reçoit les amants malheureux.
Ie veux suyure l'amour qui me lasche la bride,
Et vers le bel obiect malgré l'honneur me guide.
Ah cœur passionné que tu seras confus,
Si tu n'obtiens icy qu'vn rigoureux refus.

B

·DINE SICHEM.

Voyla doncques la foy, ô grand'mere Nature,
Voyla doncques la foy de ce peuple pariure!
Pluftoſt l'Ours affamé, les lyons, ou les loups
Qui ſont à leurs pareils plus fidelles que vous,
En quelque bois profond, ou dãs l'horreur d'vn antre,
De mon corps dechiré viendront emplir leur ventre,
Que ie n'endureray icy ma chaſteté
Terir par les attraits d'vne deſloyauté.
Laiſſez moy eſchapper que la roche deſerte
Ramoliſſe ſes os, & gemiſſe ma perte.
Et vous monts ſourcilleux qui me verrez mourir,
Ie ne veux point que vous me veniez ſecourir:
Mais ie veux que la fin que le deſtin m'ordonne,
Vos antres cauerneux & vous meſmes eſtonne,
Laiſſez moy eſchapper que ie cherche la mort,
Qui me garantira (traiſtre) de voſtre effort.

Sichem.

Pucelle mille fois plus belle que l'Aurore
Qui reſiouit l'Indois & tout le peuple More,
Arreſte toy vn peu, ô vierge aux blonds cheueux,
Et tu verras le but auquel tendre ie veux.

Dine.

Eſcouter? vous auez mal choiſi voſtre proye.

Sichem.

O tonnerre eſclatant, qui mon ame foudroye!
Mignonne, me veux-tu perdre du premier coup?
Helas que ta beauté me couſtera beaucoup
Tourne ces yeux vers moy, tourne cette lumiere,
Qui eſt l'heur ou le dueil de mon amour premiere,
Helas mon cher ſoucy, c'eſt toy qui de mes ans
As naguere gaigné l'honneur & le prin.ans.

Dine.

Non, non, ie n'ay gaigné ſur vous tel auantage.
Mais vous eſtes eſpris de quelque ardeur volage,
Qui a rauy vos ſens, & fait a mon aduis,
Que vous me penſez eſtre autre que ie ne ſuis.

Sichem.

Hé que celuy qui veut à bien aymer entendre,
N'a garde de iamais l'vne pour l'autre prendre.

Dine.

Mais d'ou viendroit en vous cet amoureux tourment,
Pour moy qui n'en ſçeuz onc vn ſeul commencement?
Pour moy, di ie, qui ſuis vne ſimple bergere
Venue de nouueau d'vne terre eſtrangere?
Qui ne vous cognus onc? & qui ne ſuis encor
Cognue en lieu qui ſoit au Royaume d'Emor?

Sichem.

La beauté que le Ciel auecque toy feit naiſtre,
Quelque part que tu ſois te faict aſſez cognoiſtre.
Deſcouure moy ces yeux, ce front, & ces ſourcis,
Qui cent chaos obſcurs rendroyent bien eſclarcis.

Dine.

Laiſſez, meſchant, laiſſez ce voyle ſur ma teſte,
Ornement de vertu & d'vne vierge honneſte:
Quant à ceſte beauté qu'en moy vous trouuez tant
Pour moy à la mal-heure il y en eut autant:
Soit ainſi que ie l'aye eſcrite dans la face
Comme vous la peignez, ou de meilleure grace,
Si ne ſera ce point, a l'aide du Seigneur,
Vn inſtrument à vous pour ſouiller mon honneur.

Sichem.

Pour ſouiller ton honneur! non ma chere amoureuſe
Mais pour rendre auec toy ta race bien heureuſe:
Ayme moy ſeulement & ie te iure Dieu
(S'il eſt vn Dieu puiſſant plus que moy en ce lieu)

B ÿ

Qu'en brief tu te verras souueraine Princesse,
Et de ceste cité opulente, maistresse.

Dine.

O Dieu du bon Iacob, ne regardes tu point,
Maintenant la douleur qui dans le cœur me poingt,
Qu'vn amour adultere, aueuglee ie suyue,
Que premier au cercueil ie tombe toute viue,
Que d'vn faict si vilain ie souille ma maison.

Sichem.

Pense tu que ie sois si priué de raison,
Que de poursuiure icy vn amour impudique?
Non, non, cet esguillon qui viuement me picque,
Ne m'a onc incité à seulement penser,
Ce qui peut vne dame honorable offenser :
Si ie requiers de toy vne ferme aliance
Longue autät que mes iours, cömets-ie quelque offëce?

Dine.

Quand mes parës voudront soubz tel ioug me lyer,
Quand les ans me rendront preste à me maryer
Et quand le Dieu puissant qui dans le ciel demeure
Aura guidé mon temps iusqu'a ceste bonne heure,
Ie marcheray alors sans me faire presser
Au lieu ou Dieu voudra mon bon heur adresser,
Mais de suyure l'amour fole qui vous transporte,
Dieu me face plustost à vos pieds tomber morte.

Sichem.

Ha que tu ne sçay pas, fole, tu ne sçais pas,
Qui est cet amoureux qui talonne tes pas :
Ie suis le fils d'Emor Roy de ceste contree,
Roy de ceste Cité belle ou tu es entree :
Mile scadrons timbrez se courbent soubz ses lois
Mile troupeaux des siens vaguent parmy les bois
Qui raportent tousiours en sa maison sans peine
Le laict, le beure frais, le caillé, & la laine :

Quand au rare threſor que l'Orient produiĉt,
Il eſt de toutes parts en ſon Palais conduiĉt,
Bref l'on ne trouue Roy preſqu'en toute la terre,
Qui ſoit plus riche en paix, ny plus puiſſãt en guerre.
Vois-tu en quel degré tu montes ſi tu es
Introduiĉte par moy dans ſon riche Palais?

Dine.

Dans vn riche Palais ie n'ay eſté nourrie,
Ains parmy les troupeaux de noſtre bergerie:
Ie n'ayme les Palais, les biens, ny la grandeur:
(Certes l'eſtat plus bas eſt touſiours le plus ſeur)
Ceſſez de m'allecher, & de plus me pourſuyre,
Car le chaſte deſir de tel vin ne s'enyure.

Sichem.

Helas ſi tu pouuois mon eſtomach ouurir,
Pour voir le mal cuiſant que tu me fais ſouffrir,
Tu ne ſerois (mon tout) tant fiere ny cruelle,
Que tu n'euſſes pitié de ma playe mortelle,
Pren à mercy ce ſerf, car il eſt tout à toy,
A toy ſeule appartient de ranger ſoubz ta loy
Celuy qui quand il veut faiĉt ſes ediĉts entendre
Autant loing que ſe peut tout ce pays eſtendre.

Dine.

Vos mots enſorcelez auroyent vn grand pouuoir
Sur celles qui pour peu ſe laiſſent deceuoir,
Mais ainſi que le Roc ſe mocque de la fouldre,
Et le ranpart eſpais du plomb & de la pouldre,
Ainſi vos mots pipeurs (c'eſt vn point arreſté)
N'auront iamais pouuoir ſur ma pudicité.

Sichem.

Ha cruelle cent fois plus que n'eſt la Lyonne,
Mile fois plus que n'eſt la Tigreſſe felonne,
Qui as eſté couuee en quelque antre reclus
Par vn monſtre enragé que nous ne voyons plus:

Auras-tu bien le cœur, dy superbe estrangere,
D'estre d'vn fils de Roy la sanglante meurdriere?
As-tu le cœur de fer, ou de pierre, ou de bois,
Qui ne s'esmeut non plus à ma dolente voix
Que s'esment vn Caucase, ou bien les monts Ryphees,
Au doux vent par qui sont les saisons eschauffees?
Quoy ? quoy pauure Sichem, n'auras tu pour loyer
Qu'vn refus qui sera de ta vie meurdrier?
Il ne sera ainsi là quel but qu'il en vienne,
Ou la force, ou l'amour te fera estre mienne.

Dine.

La force ! est il possible vn faict si desloyal
Auoir esté songé par vn enfant royal ?

Sichem.

Les Rois sont ils exempts de la flamme amoureuse?

Dine.

Non mais l'amour doit estre & saincte & vertueuse.

Sichem.

Les Rois sont ils exempts des amoureux plaisirs?

Dine.

Non pas, mais la raison doit brider leurs desirs.

Sichem.

Raison a elle lieu là ou l'amour domine ?

Dine.

Mauldite soit l'amour qui l'honneur est indigne.

Sichem.

Quoy? ne feray-ie pas ce qui me semble bon?

Dine.

Le vicieux tiran parle en cette façon?

Sichem.

Mais le plaisir d'vn Prince est-ce vne tirannie?

Dine.

Ouy quand il est ioinct à quelque vile nnie.

Sichem.

Si te faut-il complaire à l'amour qui me poingt,

Dine.

La loyale amitié de force ne veut point.

Sichem.

Mais ou l'amour n'a lieu il y faut la contrainſte.

Dine.

Ouy bien ſi l'on veut que vertu ſoit eſtainſte.
N'apprehendez vous point le bras de ce grand Dieu,
Qui a touſiours gardé ſon petit peuple Hebrieu?
Et qui en ſa fureur d'ineuitable foudre,
Eſcarbouilla Sodome & la mit toute en poudre,
Pour punir le forfait des hommes diſſolus
Qui s'eſtoyent aux plaiſirs deshonneſtes polus?

Sichem.

Ie n'imagine point quel peuple tu veux dire,
Ie ne cognoy ce Dieu qui foudroye ſon ire.
Ie ne penſe au pais que l'orage brula:
Mon braſier allumé ne s'eſteint pour cela.
Laiſſons ce vain diſcours qui mon plaiſir retarde,
Celuy n'a iamais bien qui trop tard ſe hazarde.

ACTE TROISIESME.

Sichem.   Dine.

S I n'eſt-il mal ſi grand que le temps ne l'eſface,
Mais que te ſert cela de dechirer ta face?
De noyer dans tes pleurs les rayons de tes yeux?
D'abandonner au vent l'or de tes beaux cheueux?
Si eſt-ce qu'il ſe faut à quelque poinſt reſoudre.

Dine.

Las, helas que ne fus-ie accablee de la foudre,
Aussi tost que i'eus veu la lumiere du iour?
Pourquoy me laissois-tu en ce mortel seiour
Espouuentable mort! pourquoy dez la matrice
Ne me feis-tu verser en quelque precipice?
Que ne m'enyurois-tu de mortelle poison,
Sans me laisser emplir d'opprobre ma maison?
Vous lions enragez, Tigres insatiables,
Et vous loups affamez estes trop fauorables,
Venez, venez, gloutons qu'on vous voye sortir
De vos antres puants pour viue m'engloutir.
Et toy grand œil du ciel, lumiere vagabonde,
Pourquoy me feis-tu voir l'ornement de ce monde,
Et ce malheureux iour qui premiere me vit,
Que ne se changeoit il en vne obscure nuict?
Et vous astres cruels (car c'est à vostre veue
Que ma virginité par force s'est perdue)
Pourquoy me laissez vous encore à la clarté
Du beau ciel qui s'est tant contre moy despité?
Ie sen deià l'horreur de la profonde bourbe,
Ie voy ià ce me semble vne infernale tourbe
Qui tousiours me bourelle, & talonnant me pas,
N'attend que le butin de mon triste trespas.
O malheureux Iacob! ô malheureuse mere
D'auoir vne fois mis vn tel part en lumiere:
Vn tel part! ah douleur qui me vient estouffant
Non : ne vous dictes plus parents d'vn tel enfant:
Mais bien, si vous auez vn si cruel courage,
Dethirez ce corps mien pour en faire vn carnage
Aux corbeaux qui viedrõt, pour de moy vous vãger,
Mes membres becqueter, s'ils en daignent manger:
Vous enfans de Iacob qui ce malheur receustes
A ma natiuité que mes freres vous fustes,

Laissez les bois touffus, & les riues des eaux,
Ou vous suyuez vos bœufs & vos camuz troupeaux
Pour venir vous vanger de ceste desolee
Qui a dedans Sichem sa chasteté souillee.

Sichem.

Mignonne, ie te pry essuye ces beaux yeux,
Qui semblent proprement deux estoiles des cieux
Cesse de deschirer ceste diuine face
Qui les rares beautez de ce monde surpasse,
Ie te prie mon cœur, & la moytié de moy,
De prendre tes esprits, & reuenir à toy.
Tu n'as occasion mignonne de te plaindre:
Ie veux auecques toy vne alliance ioindre
Qui mettra bien à fin ces tristes differents,
Bien-heurant la maison, tes biens & tes parens.
Car ie veux reparer maintenant cet outrage,
Moyennant le traicté d'vn heureux mariage,
Qui te fera monter aux trosnes triomphans,
Mere de mile Rois qui seront tes enfans.

Dine.

Hé que i'aymeroy mieux la houlette champestre
Que de branler vn sceptre inconnu a ma dextre,
Quiconque veut voler plus roide qu'il ne fault.
Souuent se rompt le col sur l'humain eschafaut
Or va va maintenant va pauure malheureuse
Aux antres tenebreux te cacher vergongneuse,
Puisque le ciel cruel contre toy irrite,
T'a veu perdre l'honneur de ta virginité.

Sichem.

T'a veu perdre l'honneur! mignonne ia n'aduiennet
Que iusqu'au ciel le cry de ta plainte paruienne.
Laisse moy ces regrets & ces souspirs cuisants
Qui ne font que meurdrir l'honneur de tes beaux ans
Et pense quel honneur t'apporte vne seule heure,

B. v

Que deuant tes deux yeux tout maintenant ie meure,
Si pour vn seul plaisir que i'ay receu de toy,
Ie ne te fais nommer seule espouse d'vn Roy.
Quant à ta chasteté, ie l'accepte pour gage
(Autres biens ie ne veux) du futur mariage.
Ie iure le haut Ciel & les ombreux demons,
Et ce qui vient lauer nos grasses regions,
Que seule tu seras de mon cœur la maistresse :
Que seule tu auras le feu de ma ieunesse :
Que seule tu seras la Dame de mes biens.
Que dy-ie de mes biens ? mignonne : mais des tiens,
Car plus ie vay auant plus la rage amoureuse
Brusle d'vn souffre ardant mon ame langoureuse,
Met en poudre mes os, & me priue de sens :
Et plus ie luy resiste & plus vif ie le sens.
Mais est il animal plus qu'amour indomtable ?
Est-il douleur au monde à la mienne semblable ?
Ma mye, ne crains point ne crains point de changer
A ce Royaume tient quelque lieu estranger,
Ou tu ne peux iamais estre autre que bergere,
Esproiuue la douceur chenue de mon pere.
Qui te fera monter au trosne triomphant,
Comme si tu estois son naturel enfant,
Experimente aussi ie te pri'quelle gloire
Il aduiendra aux tiens & à toy de me croyre.
Dy moy n'auras-tu point de toy mesme pitié,
Et de moy qui languis apres ton amitié ?

Dine.

Ie ne me laisse prendre auecque telle amorce.
Mais iustice n'a lieu ou l'on vse de force.
O Dieu le seul support de mon pere tremblant,
Compense mon forfaict d'vn supplice sanglant.
Si sur moy tu ne veux ton bras cruel estendre,
Souffre que la vengeance vn iour i'en puisse prendre :

Et que moy-mesme puisse à l'aide de mes mains
M'arracher du parquet où viuent les humains.

IACOB, LE CHOEVR
des Hebrieux, Lie.

TV m'as doncques, Seigneur, oublié maintenant,
    Quoy Seigneur, n'es-tu plus à ce coup souuenant
Ny du bon Abraham, ny de la maison saincte
De mon pere Isaac? Que ne te vey-ie estaincte
Au ventre d'vn tombeau, plustost que d'auoir sçeu
L'outrageux deshonneur que par toy i'ay receu?
O fille malheureuse ô malheureuse Dine,
De la terre, & du ciel, & des vagues indigne,
Te failloit il ainsi d'vn opprobre eternel,
Prophaner & l'honneur & le nom d'Israel?
    Ie depite le iour auquel tu fus conceue,
Et le pays maudict qui viue t'a receue.
Ah! que trop inclement estoit l'astre irrité
Qui conduisoit le sort de ta natiuité,
Te failloit il venir sur la terre, Tigresse,
Pour de mille regrets accabler ma vieillesse,
Que ne vins-ie plustost t'estrangler de mes mains?
Quand tu vis le flambeau qui faict voir les humains?
Que ne t'a la sorcyere en sa rage eschauffee,
Au partir du maillot, d'vne corde estouffee
Sans attendre le iour que ton vice sanglant
Deuoit noircir le cœur de ton pere tremblant?
    Voyla donc le support impudique paillarde
Qui par toy dez long-temps à mes vieux ans se garde
Ah si ie te tenois maudit Cananeam,
Tu sentirois que peut la race d'Abraham.
De ces deux propres mains en pieces dechiree
Ta chair seroit donnee aux Corbeaux pour curee,

Mais qui doy-ie accuser (malheureux que ie suis)
Cette meschante ou toy de l'outrage commis?
Bien que le crime soit à l'homme peu louable,
Si est-il cent fois plus en la fille dammable:
Qui te faisoit quitter les troupeaux de mes parcs,
Pour aller voir le flanc des furieux rampars?
Tu ne sçais pas quants maulx dans les villes se forgét,
Tant pleines de putiers que les murs en regorgent.
Tu ne sçais combien plus agreable est le mont,
Et la belle campaigne, & les ruisseaux qui sont
Au giron peincturé de la fresche valee,
Tu ne serois (malheur) à mon regret volee.
Si tu n'eusses quitté le sueil de ma maison,
Si i'endure pour toy ce n'est pas sans raison:
Car pour t'auoir donné la liberté trop grande,
Tu as commis le crime, & i'en paye l'amande.

    Voila ce que mon cœur prophete predisoit
Quand cent mile sanglots secrets il aiguisoit:
Voila les durs regrets & la dolente plainte
Qui m'ont par tant de iours & tant tenus en crainte,
Quand mon pauure estomach de douleur pantelant.
M'alloit à tous propos ce malheur reuelant.

    Race de Canaam, engence de vipere,
Tu vas suyuant de pres la trace de ton pere:
Ton maudit pere Can voyant le bon Noé
Dans la liqueur du vin presque demy noyé,
De l'honneur paternel ne feit point tant de conte,
Qu'il ne luy feit souffrir en public vne honte,
Apres qu'il eut (meschant) les membres descouuers
Du vieillard qui dormoit estendu à l'enuers:
Ie ne m'estonne donc si sa race maudicte,
Contre les gens de bien encore se despite.

Le chœur des Hebrieux.

Pourquoy voy-ie à grands coups voſtre eſtomach
plombé?

Lie.

Mon honneur, mon plaiſir, en vn iour eſt tombé.

Le chœur des Hebrieux.

D'où vient ceſte fureur qui ainſi vous tranſporte?

Lie.

D'vn ſubiect qui me fait deſirer eſtre morte.

Le chœur des Hebrieux.

Ne mettrez vous point fin à tant cruel effort?

Lie.

Ouy bien quand i'auray eu le coup de la mort.

Le chœur des Hebrieux.

Si ne faut il pour tant de ſoy eſtre homicide.

Lie.

La rage ne ſe peut reſſener par la bride.

Le chœur des Hebrieux.

La rage vous peut elle aſſeruir ſoubz ſes loix?

Lie.

Non ſi i'auoy le cœur ou de fer, ou de bois.

Le chœur des Hebrieux.

Qui liure à vos eſprits ces cruelles batailles?

Lie.

Le mal que i'ay nourri dans mes propres entrailles,
Ainſi que nous voyons vne plante au matin
Rire deſſous l'Aurore au milieu du iardin,
Cependant qu'en ſecret vne ſeule vermine
Luy ronge en trahiſon ou l'œil, ou la racine,
D'où premier elle auoit ſon halaine tiré,
Ainſi malheureux part (fuſſes-tu deſchiré)
Tu apportes la mort (toy enragee lice)
A moy qui t'ay nourri dans ma propre matrice.

Ah qu'il vaudroit bien mieux eſtre priué d'enfans
Que de les voir (helas) deprauez, & meſchans.
Ie ne m'eſtonne pas ſi l'horrible tourmente
Par les chemins tortus cruelle me tourmente
Puiſque i'en ſens au vif (dont helas ie rougis)
Les eſclats foudroyans dans mon propre logis.
Pleuſt à Dieu pleuſt à Dieu que ie fuſſe auortee
Le iour que ie te vi en ce monde enfantee :
Ou bien que toutes deux & par double tourment,
Euſſions perdu la vie à cet enfantement.
Ie n'auroy le vouloir de deſpiter chetiue,
Le premier iour maudit qui te vit oncque viue.
Ah mere infortunee ou eſtoit ton eſprit
Quand de voir ce païs la volonté te prit ?
Que ne fus tu d'vn ſomme eternel endormye
En metant le pied hors de Meſopotamye
Où tu v oyois Euphrate & le Tigre ondoyants
Reſiouir la campagne & les prez verdoyants ?
Où tu auois en front la riche Babilone,
Et à dos vn caucaſe ou la Bize friſſonne,
Qui infinis torrents vomit pour les meſler
Dans les fleuues qui font cent mille ſlots couler
Au trauers du Medois eſloigné de l'Affrique
Pour s'aller encofrer dans le gouffre Perſique?
Eſt-ce cy le bon heur que les fils d'Abraham
Attendent au païs mauldict de Canaam?
Qui te faiſoit quitter, ah fille trop volage!
Le ſueil de ta lógette, & ton petit meſnage,
A fin d'aller trouuer ce miſerable dueil
Qui chaſſe honteuſement tes parens au cercueil,
Laiſſant à la maiſon qui t'enleua, maudicte
Vne vilaine marque à tout iamais eſcripte?
Iettez, mes pauures yeux de larmes vn torrent,
Et toy maudis tes iours, pauure mere, en mourans

Va va dolente va, va pauure infortunee,
Remplir l'air de tes cris depuis la matinee
Iusqu'à l'heure qu'Hespere au sein de l'Occean
Aura fait reposer le compasseur de l'an.
Pendant que i'attendray ce qui ia me bourrelle,
Venir siller mes yeux d'vne nuct eternelle:
Voila le seul moyen autre ie n'en attens.
Qui peut tirer au but & mes maulx & mes ans.
     Mais ne pense tu point meurdrier de ma vie.
Au mal dont maintenant par toy ie suis suiuie?
Que par toy le desir de plus viure est osté
A ceux par qui tu vois cette douce clarté
La vipere en ce poinct tant ses forces espreuue,
Que le ventre empoulé de sa mere elle creue,
Encore as tu faict pis: car ce serpent hideux
N'en peut bourreler qu'vn, & tu en meurdris deux:
Va indigne que l'œil du beau ciel te regarde,
Va gaigner en Sichem le nom d'vne paillarde:
Donne toy du bon temps vilaine en ce quartier
Dans le logis polu d'vn barbare putier:
Ainsi l'affection dans le cerueau conceue
Est par l'euenement tout contraire deceue,
I'esperoy bien de voir vne pudique amour
Qui deuoit amener de tes nopces le iour,
Pour esiouir ton pere au declin de son age
Et ie voy maintenant vn tyran qui t'outrage:
Et comme s'il tenoit l'ennemy soubs main
Te chasse dans sa couche ainsi qu'vne putain.
     Puisse venir du Ciel le tonnerre & le foudre
Venger l'aigre douleur qu'ores par toy ie souffre,
Ou si le Ciel ne veult ny le souffre cruel
Meurdir ce rauisseur de son flambeau mortel,
Que la terre soubs vous ouurir son gosier puisse,
Et que tous deux ensemble elle vous engloutisse.

Le Chœur des Hebrieux.

BElle estoile du iour,
Qui de ton clair seiour
Vois l'Esté & l'Automne,
Et d'Auril la moisson,
Et l'horreur du glaçon
Qui soubs Chiron frissonne.

Ne vois tu point aussi,
Comme en ce monde icy,
Sont differents les hommes?
Ne vois-tu point comment
L'on vit diuersement
Sur la terre ou nous sommes?

Belle aube qui blanchis
Nos fillons enrichis,
Nos monts & nos valées,
Et les antres profonds,
Descouurant iusqu'aux fonds
Les grands vagues salées.

Dans le gyron du pré
De ton sein bien paré
Tant de fleurs tu ne verses
Que les hommes qui sont
En ce monde icy ont
D'affections diuerses.

Belle Aurore aux yeux vers
Qui monstre à l'vniuers
Ta robe safranee,
Quand tu viens t'aduancer
Pour nous recommencer
Quelque belle iournee.

Tu vois les actions,
Tu vois les paſſions,
Et tout ce qui nous meine
Et des hommes combien
Eſt au val terrien
La penſee incertaine.

Pendant que l'vn gemit,
L'autre d'ire fremit
Qui ſon repos deuore,
L'autre à la volupté
Eſt ſi bien arreſté,
Que pour Dieu il l'adore.

D'vn obſtiné deſir
Chacun ſuyt le plaiſir
Auquel il ſe deſborde,
Et du grand Ciel laiſſueil.
Ne voit vn homme ſeul
Qui à l'autre s'accorde.

EMOR, SICHEM.

CE ſont doncques, Sichem les fremiſſants abois
Qui venoyent arracher la racine des bois:
C'eſt l'horrible tonnerre & la troub'e tempeſte
Qui depuis quelque temps tournoye ſur ma teſte.
C'eſt le feu petillant qui rendoit parmy l'air:
Les hecates encor que i'entendois hurler.
Ce ſont Sichem, ce ſont les fantoſmes nocturnes,
Et les ſonges hideux de cent nuicts taciturnes.
C'eſt le hybou & c'eſt le corbeau croaſſant
Qui a'loit ſans ceſſer mon palais menaçant,
Et me prognoſtiquoit l'homicide infortune
Qui deſia de bien pres mes talons importune.

Oublier & l'honneur, & la ciuilité,
N'estre plus souuenant de ma benignité,
Perdre pour ton plaisir l'antique renommee
Qui a tousiours rendu ma maison bien nommee,
Se souffrir tirasser comme vn brut animal
Trainé par le cheuestre à tout genre de mal,
Est-ce suyre, Sichem, est-ce suyure la trace
Et les faicts genereux d'vne royale race?

   En lieu que pour le bien du pays tu deurois
Renuerser les scadrons effroyables des Rois
Qui veulent enuahir la terre Emorreenne,
Garder à tes subiets la iustice ancienne,
Rembarrer vaillamment le Barbare estranger
Qui vient comme voleur cette terre ronger,
Et comme vn feu du ciel qui le chesne foudroye,
Veut mettre ma maison, & mon estat en proye:
Tenir les bons en paix, & à coups de tranchants
Auecques la iustice extirper les meschants,
Tu te desborde au vice auecques moins de honte
Qu'vn forfant casanyer duquel l'on ne tient conte:
Ay-ie iamais bronché en vn bourbier si-ord?
As tu appris cela de la vie d'Emor?

   Ie sens deia le ciel qui mon ame tourmente
Pour l'honneur violé de la fille innocente:
Quoy, Sichem n'est-ce pas mon honneur outrager?
Faut-il de la façon caresser l'estranger?
Ne vois-tu pas meschant, vne fureur diuine
Qui menace ton chef d'vne prompte ruyne?
Ne vois-tu pas deia la foudre de ce Dieu
Qui reçoit les presents offerts par cet Hebrieu?
Ne sçais-tu pas encor, meschant que sa iustice
Est preste à se venger de cest enorme vice.

   Si ton paillard desbordtant tant te prouoquoit,
Si de ton premier feu la flamme te piquoit:

I'en deuoy bien ſçauoir la premiere nouuelle.
I'euſſe fait vn traiĉté auecques la pucelle,
Et auec ſes parents, puis d'vn accord commun,
I'euſſe faiĉt de vous deux que ce n'euſt eſté qu'vn:
Mais de forcer l'honneur (que le ciel ne m'entande)
Qui pourroit s'aduiſer d'vne iniure plus grande?

Sichem.

Sire, ſi vous cuidiez auec quelque raiſon
Temperer prudemment l'amoureuſe poiſon,
Vous ſembleriez, celuy qui pour ſa recompenſe
Eſt du tout inſenſé auecques ſa prudence.
Amour eſt mon bourreau qui de ſon bras ferré
Tient fort eſtroitement tout mon corps enferré.
Et les perfections & beautez d'vne Dame
Ont viuement attainĉt le profond de mon ame,
Pardonnez à mes yeux qui ont eſté ſurpris,
Mais ſuis-ie le premier de ceux qui s'y ſont pris?
Confeſſer ſon peché eſt la premiere amande,
Cher pere, ſeulement cecy ie vous demande:
Sire, ſi vous m'aymez, ne le refuſez poinĉt,
Que par vn bon traiĉté à Dine ie ſois ioinĉt,
Si de me faire viure il vous prend quelque enuye:
Ou ſi vous la m'oſtez, oſtez auſſi ma vie.

Emor.

N'eſtes vous malheureux, peres infortunez,
Qui auez des enfans outre bord adonnez
A leurs maudits plaiſirs? Ou eſt l'obeiſſance
Que doit à ſes parents la fole adoleſcence?
Que ne puis-ie, meſchant ſans mon nom offencer,
Vn fer bien eſmoulu dans tes flancs enfoncer?
Mais eſt-ce à ton aduis vne partye egale
De mettre vn incognue en la couche Royale?
Malheureux eſt qui court en eſtrange pays,
Et ne voit ſon bon heur tout aupres de ſon huys?

I'esperoy bien qu'vn iour vn riche mariage
Agrandiroit d'Emor le superbe mesnage:
Et que mon fils par là seroit doublement Roy:
Mais Sichem, maintenant le contraire ie croy,
Puisque tu veux auoir malgré moy espousee
En lieu d'vne Princesse vne pauure abusee.
Ce n'est pas tout, Sichem, ces vagabonds Hebrieux
Ont vn cœur trop hautain & vn bras furieux:
Et n'endurera point ceste race bannye
Ceste iniure à iamais demeurer impunye.

Sichem.

Sire, quant à cela, le fort en est ietté,
Tant plus ie vay auant plus ie suis agité,
Ie sen vn feu cruel qui ardant me bourrelle,
Et dans mes os tous secs faict cuyre la moüelle:
Partant si en vous est quelque interne amitié,
Si vous auez aussi de moy quelque pitié,
Accordez moy ce don, ou aultrement i'en iure,
Vous accompagnerez bien tost ma sepulture.

O D E.

Dieu establit les Princes,
L'Empereur, & les Roys,
Pour tenir les prouinces
Au dur frein de leurs loix:
Et qui pris de manye,
Sur les Roys entrepend,
La deité il nye
A laquelle il se prend.
  Le Roy qui de sa terre
Vniquement a soin,
De là bannit la guerre

Et le meurdre inhumain,
Luy mesme au lieu du vice,
Et du vyure tortu,
Y nourrit la iustice,
Les loix & la vertu.

Le canon ny les armes,
La poudre ny le fer,
Ny l'orgueil des genf-darmes
Bien prompts à s'eschauffer,
Les bornes n'alongiffent
Des Roys ambitieux,
Si les loix ne floriffent
Tout au beau milieu d'eux.

Quand le Roy debonnaire
A l'honneur pour obiect,
Il fert d'vn exemplaire
A fon peuple fubiect:
Mais fi toft qu'il s'adonne
Au vitieux defir,
Tu ne trouues perfonne
Qui n'y prenne plaifir.

Heureufe eft la contree
Là où refide encor
La belle Vierge aftree
En vn beau throne d'or:
Et void deffous l'efpace
Du grand Ciel azuré
Encores quelque trace,
Du bon fiecle d'oré.

Là le mutin rebelle
(Certe ainfi ie le croy)
Hautain ne fe rebelle
Iamais contre fon Roy:
Là les fectes diuerfes

Pour vne opinion
Ne fondent cent trauerses
Sur leur religion.
    O la saincte musique
Et les diuins accords!
Quand vne republique
Faicte de plusieurs corps,
Sans courir à l'eschange
Vse de mesmes droicts,
Souz mesme Roy se range
Et vit souz mesmes loix.

Simeon, Leui,
Trope & demye trope des enfans de Iacob,
Emor, Sichem,
Chœur des Sichimites.

Mais côme est aduenu entre nous cet esclandre?
     Leui.
Pourrions nous ie vous prye vn plus grand malenten-
     Trope.   (dre?
Qui a iamais ouy acte tant malheureux?
     Demye trope.
Mais comment vit encor ce paillard amoureux?
     Simeon.
Qu'vne fille nous face endurer telle iniure!
     Leui.
Souffrir tel deshonneur d'vne paillarde impure!
     Trope.
Ah fille trop volage! De.tr. Ah malheureux enfant!
     Simeon.
Oh quel horrible feu va mon cœur eschauffant!
     Leui.
Mais d'ou viët ce desbord? S. D'ou vient ceste insolëce?

Leui.

Qu'vne fille se donne vne telle licence!

Simeon.

Ie creue de despit. L. Ie suis tout hors de moy.

Trope.

Ah malheureux pays De. t. Terre sans Dieu, ny loy.

Simeon.

Ie despite le iour que premier ie t'ay veuë.

Leui.

Ah fille de bon sens & raison despourueuë!

Trope.

Va Sichem, tu as fait vn acte genereux!

Demye trope.

Voyla vn fait royal! T. Mais du tout malheureux.

Trope.

Tu as sur vne fille emporté la victoire!

Demye trope.

O que tu t'es acquis vne heroique gloire!

Trope.

N'est-ce point violer le droict de l'estranger?

Iacob.

Dieu de mes bisayeux quand viendras-tu vanger
De ce stupre maudist par ton glaiue l'offence:
D'en auoir ma raison il n'est en ma puissance,
Raison? quelle raison? O Dieu c'est le peché
Qui c'est secrettement dans ma maison caché,
Ou quelque grand forfait dont ma main est souillee,
Qui ores me fait voir ma fille violee.
Ie ne croy point que Dieu soit sans cause irrité,
Qui a tel deshonneur à ma race appresté,
Que mesme nos neueux si on le leur raconte,
En grinceront les dents, & rougiront de honte.
Tu as espris le feu peut estre d'vn baiser,
(Meschante) qui a sçeu ce ieune homme embrazer.

Comme le papillon qui route tant de l'aisle
Que luy mesme se brusle au feu de la chandelle:
Ainsi cest amoureux de soy mesme s'est pris
Aupres de toy qui mis ton honneur à mespris.
Mais quoy? la liberté outre bord excessiue
Ietta les fondements de cet amour lasciue,
En vienne aussi sur toy le mal plus que sur nous
Qui esprouuons que vaut d'auoir esté trop doux.

CHANSON.

LA colere trop ardente,
　Qui tourmente
Nostre sang dans son canal,
Ne permet iamais à l'homme
De voir comme
Le bien differe du mal.

　La fureur, tant elle est forte,
Le transporte
Pour quelque temps hors de soy;
Et faict tant cette folye
Qu'il oublye
Son Dieu, son Prince, & sa loy.

　Elle faict bien, trop seuere,
Que le Pere
Dans son brazier s'eschauffant,
Desment, ah cruelle iniure,
La nature,
Et despite son enfant.

　Corrige de cette beste,
La tempeste
Le mortel, sans s'y fier.
Et qu'il luy serre la bouche

Trop

Trop farouche
Dans vn frain de fin acier.
   Car qui afferuit fon age
A la rage
D'vne ire qui le furprent,
D'vn lourd animal champeftre
Qui va paiftre
Ie ne le voy different.

EMOR.

PAuure homme martelé d'vne effroyable crainte,
  Par quel bout te faut il our dir vne complainte?
Comme doy-ie couurir de mon fils le defaut
Deuant ce peuple Hebrieu qui a le cœur fi haut?
Ie fen ia que mon fang dans fes tuyaux fe glace,
Et la pâlle couleur qui me couure la face:
Ia mes bras demy-morts commencent à trembler,
Et mon pauure eftomach ne faict que panteler:
Vne fiebure mortelle en ma mouelle rampe,
Et la froide fueur mon corps my-gelé trampe,
Mes internes efprits ont perdu leur pouuoir,
Et n'ay membre fur moy qui face fon deuoir.
Pourray-ie bien(malheur)fi bien cacher ce crime,
Que mon palle vifage, ou ma voix ne l'exprime?

Chœur des Sichimites.

LE pauure patient, au plus fort de fa fieure,
  Monftre fur fon vifage ou au bord de la
    leure
De fon mal la chaleur.
Et ne içait tant fubtil, cacher fa maladie
          C

Que fon corps defcharné, & fa face blefmye
N'enfeigne la douleur.

Ainfi celuy qui fent fa confcience impure
Du tout cauterifee & fouillee d'ordure,
Ne fe peut tant couurir:
Que fes geftes, fes mots, & que fa voix trébláte
Ne vienne plus fubit que la foudre drillante
Ses œuures defcouurir.

EMOR.

Ais ne fera iamais ce regret adoucy,
Ny ce bourreau tourmét qui vo' martyre ainfi.

Iacob.

Ce maudit mal a pris en noz bras fa naiffance,
Pource à bon droit fur nous en reuient la vengeance

Emor.

Il n'eft mal fi cuifant qu'on ne puiffe amóllir.

Iacob.

Trop aigre eft la douleur, qui nous vient affaillir.

Emor.

I'ay vos pleurs, vos fanglots, voftre plainte entendue.
Vous lamentez, ce femble vne fille perdue:
Voftre fille en Sichem demeure de plein gré,
Ou elle s'eft guydee au fouuerain degré:
Et là vn lict royal des ores luy ordonne
Celuy qui doit porter apres moy la couronne,
Il la tient & cherit, il l'ayme cent fois mieux
Que moy qui l'ay nourry, que fa vie, & fes ye
Mais ce n'eft pas vn feu impudic qui l'enflamme
Car il la veut auoir pour legitime femme,
L'empire que ie tien fouz moy affubiecy,
(Mais qui refuferoit tant honnefte party?)

Sera par le moyen d'vn heureux mariage,
Ainsi que si c'estoit vostre propre heritage,
Demeurez parmy nous & nos filles prenez,
Et les vostres de mesme à nos hommes donnez,
La terre de Sichem est riche & spacieuse,
Et pour vostre bestail feconde & plantureuse,
Menez y vos traficz, & qu'vn nœud mutuel
Ioigne le Sichimite au peuple d'Israel,
Et que vostre pucelle au throsne destinee
Soit à mon fils Sichem pour espouse donnee.

ODELETTE.

Qvand honnesteté ioinct
  Les cœurs ensemble
D'vn nœud sacré & sainct
Qui les assemble,
Ie ne craindray iamais
(Ou ie me trompe)
Que ce contract de paix
Se casse ou rompe.

  Mais si quelque desbord
Ou deffiance
Articule l'accord
D'vne alliance,
L'amitié qui naistra
D'vn lieu peu ferme,
Simulee sera
Bien tost à terme.

c ij

SICHEM.

IE fremy, ie frissonne, & mes sens tous confus
    Se perdent, tant i'ay peur d'vn vergoigneux refus,
Mais Sichem, d'où te vient cette nouuelle crainte?
Ne peux tu pas vser s'il te plaist de contrainte?
Ie peux bien le contract à mon plaisir passer:
Mais l'honneste amitié se veut elle forcer?
Aydez moy à ce coup deitez amoureuses,
Soyez moy à ce coup, & iamais plus heureuses.

Le Chœur des Hebrieux.

COmme si le grand ciel que nous voyons de loin
    Vouloit de nos meschefs estre chef ou complice,
Et se rendre auec nous autheur de mesme vice,
Nous l'appellons souuent pour en estre tesmoin.
    Mais pense tu mortel que ton impieté
Cachee sous le fard d'vne pensee caute,
Puisse adoucir le ciel, & qu'vne lourde faute
Puisse l'ire adoucir de la diuinité?
    Penses-tu tes desseins estre si bien couuers
Que les heureux esprits du ciel ne les cognoissent?
Penses tu aueuglé qu'aux yeux ils ne paroissent
De ce grand Dieu qui voit par tout cest vniuers?
    La deité qui vit immortelle à iamais
Les actes des humains equitables, mesure,
Et faisant à chacun egalement droicture,
Recompanse à bon poix les biens, & les malfaits.

SICHEM.

HElas si mes regrets peuuent auoir credit
Escoutez ce qu'Emor mon pere vous a dist
Ie suis esperduement espris de vostre Dine
Seule d'vn fils de Roy elle me semble digne:
Demandez maintenant tout ce que vous voudrez,
Asseurez que de moy bien tost vous l'obtiendrez,
Si de vous elle n'a assez ample douaire,
Ie le veux de mon bien abondamment parfaire:
Demandez moy des dons, & ce qu'il vous plaira,
Le tout bien promptement accordé vous sera:
Que Dine soit par vous mon espouse tenue,
Ie seray bien heureux de l'auoir toute nue.

Simeon.

Nous ne pouuons traicter ce point en ce pays,
Ny donner nostre sœur à vn incirconcis.

Leui.

A vn incirconcis? Demy Tr. Quoy? à vn rauisseur?

Simeon.

Iamais incirconcis n'espouse nostre sœur,
Plustost sur nostre chef tombe la mort subite,
Que nous laisser penser cette faute maudite.

Leui.

Non mais si vous voulez nous ioindre auecques nous,
Il faut que vous soyez circoncis comme nous.

Trop.

Ainsi pourrons nous bien sans quelque offence craindre
En paix auecques vous nos mariages ioindre.

Demy Trop.

Soit tout masle entre vous en suyuant nostre loy.
Circoncis dez le gueux iusqu'au throsne du Roy.

Simeon.

Lors entre nous serent communs les mariages.

C iij

Leui.

Iors vos filles viendrõt entrer dans nos mesnages:
Iors pourrez vous aussi nos pucelles auoir.

Demye trope.

Iors Emor & Iacob en paix se pourront voir:
Iors Emor & Iacob ne feront qu'vne ville,
Et ensemble viuront en ce pays fertile.

Leui.

Mais si vous reiettez la circoncision,
Nous vuyderons bien-tost de cette region.

Simeon.

Et en quelque pays que nostre troupe arriue,
Il faut malgré ses dents que nostre sœur la suyue.

Emor.

Si cela semble bon à chacun ie ne sçay,
Neantmoins pour vn coup nous en ferons l'essay.

Sichem.

Tant m'est le souuenir de ma Dine agreable,
Que pour elle la mort mesme m'est delectable.
Vostre dire sera suiuy de son effect.
L'effect non le parler monstre l'amy parfaict,
Les grands de la Cité auec le populaire
En peu de temps seront circoncis pour vous plaire.

Chœur des Sichimites.

LA foy, la loyauté
  Ont la terre quittee:
Et quant à l'équité
De l'antique bonté
Elle nous est ostee.
  La Iustice s'endort
Froide comme la glace:
Le mensonge & le tort,

Et l'outrageux effort
Ont occupé ſa place.

  O pere langoureux,
O miſerable mere,
O freres malheureux,
O laſcif amoureux,
O fille trop legere.
Les flots qu'on voit bailler
Deſſus l'onde azuree,
La flamme d'vn eſclair,
Et la fumee en l'air
Ont bien peu de duree.

    Ainſi eſt bien ſouuent
La fille trop muable,
Qui fole va ſuyuant
Ce que met en auant
Son penſer varia ble.

    Auſſi-toſt que le Roy
Viole la iuſtice,
Le peuple vit ſans loy
Attendant quelque effroy
Pour corriger ſon vice.

    Auec ſouſpirs cuiſants,
Bourreaux de mon courage
Ie regrette les ans,
Ie regrette les temps
Qu'on vit au premier age.

    Sur la terre marchoit
La belle vierge aſtree,
La fureur ſe cachoit,
Et de ſang ne tachoit
Cette baſſe contree.

    Encor le fer pointu,
Inſtrument de la guerre,
                    C iiij

Le parchemin batu,
Ny le cuyure tortu
N'espouuentoyent la terre:
   Lors ne couroit l'aireau,
De l'vne à l'autre borne
Tiré par vn cordeau,
Et n'auoit le taureau
Le ioug deſſur la corne.
   Le bois n'eſtoit vendu,
Ny le gras heritage,
Ny le cordeau tendu
Sur le friche fendu,
Pour en faire partage.
   La courſe du laquet
N'eſtoit pas inuentee,
Et n'eſtoit le caquet
Acheptè au parquet
Pour la cauſe intentee.
   Leurs delicats morceaux,
Eſtoit la douce feine,
Et auec leurs troupeaux
Ils beuuoyēt aux ruyſſeaux
D'vne belle fontaine.
   Les fillettes du ciel,
Troupe douce & feconde,
Aſſaiſonnoit le miel
A ce bon peuple vieil
Qui lors eſtoit au monde.
   La brebis ne doubtoit
Le loup ayme carnage,
Et la cheure broutoit
Au lieu meſme où eſtoit
La Tygreſſe ſauuage.
   L'on n'auoit apperçeu

La couleuure qui rampe
Par le buisson moussu,
Encor n'auoit deceu
Le venin qu'on detrampe.

L'on n'entendoit le bruit
De Mars ny de Bellone:
Et le bourgeois de nuict
N'abandonnoit son lict
A la guerre felone.

Aux soldats & meschants
Ne prenoit lors enuye
De saccager les champs,
Là rauir aux marchands
Et le bien & la vie.

L'embusche du pendart
N'estoit au bois tendue:
Et la terre au soudart
Pour planter son rampart
N'estoit encor fendue.

Le dol, la trahison,
La simulee face,
Le sang ny la poison
Ne soüilloyent la maison
De cette antique race.

Le fils ah! ne tramoit
Le trespas de son pere:
Et lors l'on ne blasmoit,
Et lors l'on ne nommoit
L'inceste ou l'adultere.

L'hoste ne se doutoit
De son hoste bizarre
Qui mesme ou il estoit
A son huis ne mettoit
Le verroux ny la barre.

C ij

CHANSON.

L'Aueugle amour qui ne voit pas,
    Traine ses pas
        A la trauerse:
Et poulsee d'vn petit vent,
    Tombe souuent
        A la renuerse.
L'outrageux qui iouir ne peut
    De ce qu'il veut.
        Hardy s'efforce.
De rauir ce qu'il tient trop cher
    Et l'arracher
        Des mains par force.
Celle qu'vn desir d'honnenr poingt
    Ne prise point
        D'amour la ruse.
Mais celles qui n'ayment l'honneur
    Vont au pipeur
        Qui les abuse,
Iamais de ce larron subtil
    Vn cœur gentil
        Ne se doibt prendre.
Et n'a dequoy en tout son art
    Le babillart
        Pour le surprendre
O combien se repute heureux
    Vn amoureux
        Qui l'honneur prise,
Et celle qui pour la beauté
    Sa chasteté
        Ne met en prise.

ACTE QVATRIESME

Simeon,   Leui.

Elle ne mourra pas, traistre, ta felonnie,
Elle ne mourra pas en ce point inpunie
Pense tu de Iacob auoir le nom taché,
Et porter inpuny aux enfers le peché?

Simeon.

Auoir rauy l'honneur de ma sœur violee?

Leui.

Auoir sa chasteté par force maculee?

Simeon.

Ie sen se caillonner les bouillons de mon sang,

Leui.

Ie sens horriblement de l'vn à l'autre flanc
Fremir mes intestins & froidir mes entrailles,

Simeon.

Mille ardantes fureurs me liurent leurs batailles;
Ne verray-ie iamais ce scandale effacé?

Leui.

Ne verray-ie iamais ce paillard terrassé?
Ie iure par le ciel, ou Dieu a mis son siege,
Que i'auray ma raison en brief du sacrilege.

Simeon.

Est-ce pour te moequer, dy traistre rauisseur,
De venir demander à femme nostre sœur,
Apres auoir fait d'elle (ah trop iuste rancune?)
Pis que l'on ne feroit d'vne fille commune.

Leui.

Oh l'horrible fureur qui soubs vn feu nouueau

Va sans cesse rouant dans mon pauure cerueau?

Simeon.

Est ce vn acte royal dy desloyal pariure
De faire à l'estranger receuoir cette iniure?

Leui.

C'est acte de tyran, & non d'vn noble Roy
De mettre soubs ses pieds Dieu, iustice, & la loy,

Simeon.

Est-ce l'acte d'vn Roy qui d'vn peuple a la garde
De seduire vne vierge & la rendre paillarde?

Leui.

Tu sentiras que vault la force de ce bras,
Soubs lequel auiourd'huy tout mort tu tomberas,
Et ta putyere chair ou plustost ta charongne
Sera pour le repas d'vne vieille leonne.

Simeon.

Se seroit estre à toy (Sale Bouquin) trop doux,
Qui t'enseueliroit en la pance des loups.

Leui.

Ils sont tous circoncis, & voicy la vraye heure
Qu'il faut que de Sichem toute la race meure.

Simeon.

Ils trainent languissants, vn corps demy pasmé,
Qui a vuydé son sang par le lieu entamé:
Mais ie leur tireray par le grand Ciel i'en iure,
L'esprit deia damné par vne autre ouuerture.

Leui.

Excitez vous dans moy, vous qui ia bouillonnez,
De nouueau feu espris, mes sens passionnez,
A fin qu'estans menez d'vne ardante furye,
Vous faciez regorger de sang la boucherie.
Et qu'on voye bien-tost mille corps trespassez,
Et mille qui seront l'vn sur l'autre entassez,
Pour ioncher le paué de la cité mauldicte,

Que mon cœur embrasé cent mille fois depite,
Et vous lampes du ciel seruez moy, pour le moins,
En ce fait genereux de cent mille tesmoins.

Simeon.

Infernale fureur ores trop pitoyable,
Ne veux tu pas vanger ce faict tant detestable?
Et toy Ciel ennemy peux-tu bien voir encor
Vn tige si maudit en la terre d'Emor?
Terre qui me desplait ouure ton large ventre,
Afin qu'encore vif ce malheureux y entre,
Ie iure par le Dieu viuant auquel ie sers,
Que ce fer t'ennoyera au profond des enfers,
Il faut, il faut racler & de tout point abatre
D'vn bras encouragé cette gent idolatre.

Leui.

Enyure toy tantost ô malheureux pays
Du paillard sang de ceux que trop gras tu nourris
Tu es, mon Simeon, ma seconde personne:
Deuant le Dieu puissant ma dextre ie te donne,
Et atteste le ciel & la terre, & la mer,
Tout vif puisse-ie donc au sepulchre abismer)
Si ie ne suis tes pas, & si du Sichimite
Ie n'arrache du tout la semence mauldicte.

Simeon.

Auoir de nostre sœur ainsi l'honneur rauy?
Ie iure, ie promeis, ie proteste, Leui,
Que ie feray tomber soubs mon fer ces superbes,
Ainsi que soubs la faux l'on voit tomber les herbes,
Ie sen ia dans mon sang cent couleuures ramper,
Et comme en vn estang la dedans se tramper.
Car quand exactement ie pense à cet outrage,
Tous mes sens sont esmeus & fremissent de rage,
Mais ne sommes nous pas fils de cet Abraham
Qui versant les soldats braues de Canaam

Vit quatre Rois puissants mettre au fil de l'espee,
Et tirer de leurs mains cette terre occupee,
Qu'eux mesme auoyent deia par belliqueu x effroi
Rauy iniustement en despit de cinq Rois?
N'eut il pas sa raison voire en pleines batailles
(En despit d'Amraphel)de toutes ses canailles,
Du tort qu'ils auoyent faict à la maison de loth?
Pourquoy ne ferons nous le mesme dans Socoth,
Il vengea son nepueu en bataille rangee
Par vn carnage aussi Dine sera vengee.

Leui.

Mais ce peuple bastard incirconcis de cœur,
Pense auoir appaisé du tout nostre rancœur,
Pour auoir auiourd'huy tranché sa chair polue,
Mais il a racourcy sa vie dissolue.
Car ores de la playe ouuerte la douleur
Faict à tous perdre cœur force,sang, & couleur,
Et leur fera aussi promptement perdre l'ame:
Car tant que durera en ma main cette lame,
Ce peuple malheureux fait en despit de Dieu,
A son dam sentira quel est le peuple Hebrieu,

Chœur des Sichimites.

SE pouuoit il trouuer,
Se pouuoit il couuer
Plus horrible scandale,
Pour le Phereseen,
Pour le Chananeen,
Et pour la cour royale?
Ah miserable Roy
Ia se saisit de toy
L'effroyable tuerie.
Tu sens deia l'effort

De l'effroyable mort
Qui à ta porte crie.

　Voy les bourreaux deſtins,
Voy des enfans mutins
Qui d'vn bouillant carnage.
Malgré tous tes valets,
Vont remplir tes palais
D'vn horrible courage.

　N'euſt-il pas mieux valu
Que ton corps ia polu
Sichem fuſt mort en guerre,
Que voir ton ſang eſpais
Tramper par tes mesfaicts
Ta naturelle terre?

　Faut-il qu'vn dueil grief
Soit d'vn plaiſir ſi brief
La iuſte recompenſe,
Et que le mal cuiſant
Meurdriſſe l'innocent
Quand au mal il ne penſe?

　Souuent pour vn peché
Le ſang eſt eſpanché
De toute vne prouince:
Et vn peuple infini
Bien ſouuent eſt puny
Pour le meſfait du prince.

　Vieillard infortuné
Ton pauure corps trainé
Sur le paué ſanglote,
Et le ſang eſpaiſſi
Hors de ton corps tranſi
Dans la pouſſiere flote.

　Ia Sichem recourbé
Sur la terre eſt tombé

Ia les cruelles Parques
Le vent culebutant
Ou leur rigueur attand
Les plus braues monarques.
　Quoy mon ieune seigneur?
Quoy est ce là l'honneur
Que fortune te donne,
Est ce la le chemin
Ou elle par la main
Te traine à la couronne.
　Certes ie ne voy pas
Soubs la charge d'Atlas
Vn bien qui tienne ferme:
Mais ie voy nostre bien
Qui treuue en moins de rien
Le droict but de son terme.
　Ah ieune audacieux!
Vn plaisir vicieux
Qui charmoit ta pensee,
A de ce pays gras
Que plus tu ne verras,
La ruine auancee.
　Le pourpre elabouré,
Le velours chamarré
Les princes n'anoblissent,
Mais les belles vertus
Quand ils en sont vestus,
Les grands Rois enrichissent.
　Or gist sur le paué
Nostre enfant depraué
Roi detransi & blesme,
Qui rend trop amoureux,
Son pays malheureux,
Et son pere, & soy-mesme,

CHANSON.

IE ne fay pas grand compte
Du vicieux defir,
Quand la peine furmonte
De tout poinr le plaifir,
I'ayme bien la beauté
Iointe à la chafteté.

La ieuneffe infenfee
Helas ne cognoit pas,
L'effect de la penfee
Qui talonne fes pas,
Et fon malheur ne fent
Qui luy eft tout prefent.

Quiconque voudra, fuyure
Son plaifir vicieux:
Qu'de de fens il fe priue,
Qu'il fe bande les yeux,
Mais quelque iour viendra
Qui bien le chaftyera.

L'amour, la ieune flame
Et le fang trop boüillant,
Nous vont iufques dans l'ame
Sans ceffe bourrelant,
Et retranchent le cours
Bien fouuent de nos iours.

L'amour trop violente
Ne faict que nous troubler,
Et fa dextre fanglante
Dans noftre fang moüiller,
Pour nous faire fentir
Trop tard le repentir.

ACTE CINQVIESME.

Simeon,   Dine,   Leui.

TV es doncques vengé maintenant, Israel,
    Tu es ores vengé: & l'exemple en est tel
Que tous ceux qui ne nous doiuent vn iour descendre
Seront tous estonnez, seulement de l'entendre.
Ces paillards bordeliers auront pour leurs tombeaux
Les ventres affamez des loups & des Corbeaux:
Or vienne maintenant le foudre & le tonnerre
Bruler ces vilains corps qui infeōtent la terre,
Et que la cendre soit de cet amas puant
Par mille estourbillons esparpillee au vent.

Dine.

O Dine malheureuse! ô malheureuse Dine!
De la terre, & de l'air, & des vagues indigne,
Ou sont tes iours heureux? ou est ton beau printemps,
Mais quel bien aduenir est-ce que ie pretens?
Qui me retient encor que cette main cruelle
Ce corps qui tant me pūt, sanglante, ne bourrelle,
De quel œil me verront mes parens offencez,
Qui sont de deshonneurs par moy recompensez?
Ah! pere ie partis d'auecques vous pucelle,
Mais tant que vous vivrez, vous ne me verrez telle.
Bourreau Cananeam que ne m'as-tu osté
L'ame passionnee auec la chasteté?
Que diront nos neueux quand cette histoire escrite,
Leur dira que par moy le peuple Sichimite
A passé sans pitié par le fil d'vn trenchant?
O cruelle douleur qui me vas desseichant

Retranche, au moins, le cours des maudites années
Que trop longues ie voy à ma vie ordonnee,
Pourquoy ay-ie receu en ce mortel seiour
Ah, (malheureux pour moy) la lumiere du iour!
Frappez, freres frappez à mort cette chetiue
Qui trop vous deplaira tant qu'elle sera viue:
Et chassez aux enfers cette ordure là bas
Qui digne du haut ciel & du monde n'est-pas.

Leui.

Facilement la vierge est par force outragee,
Et impuissante, n'est de la coulpe chargee.
Mais la iustice doit son glaiue punisseur
Descharger sur le chef d'vn paillard rauisseur.
Sichem a fait l'outrage, & voyla la main forte
Qui a puisé le sang de sa charongne morte:
Ores gist estendu tout mort sur le paué,
Et le peuple sans Dieu & son Roy depraué,
Mais d'vn genre meschãt plein d'orgueil & d'audace
N'en doit on pas du tout exterminer la race?
Quand aux hommes plus forts, ie m'assure qu'ils sont
En tel poinct que iamais vierge ils ne forceront,
Marchez Dine ma sœur, marchez sans plus attendre
Car ie veux au logis de mon pere vous rendre.

ODE.

A Grand peine voit on
Piroüetter l'orage
Au ventre d'vn nuage
En la chaude saison,
Que de cette prison,
Et la tempeste forte,
Et le feu sans mercy

Et le vent qui le porte
Ne vienne iusqu'icy.

A peine le malheur,
Le malheur qui bourrelle
Cette vie mortelle,
Comme Aquilon la fleur,
Va sans quelque douleur,
Et vne autre seconde:
Car iamais vn effroy
Sans l'autre ne nous sonde
Qu'il tire auecques soy.

Si tost que le torrant,
Apres vne lauasse,
Aux prez vient prendre place,
Par tout il va courant,
A ses talons tirant
Les gros membres des roches,
Et les chesnes moussus
Qui se dressoyent trop proches
De cent coupeaux bossus.

Il abisme en ses flots,
Escumants de furye,
L'honneur de la prairye
Et les boutons decloz
Tous freschement escloz,
Des perles esmaillees,
Qui d'vn teinct non pareil
Se monstroyent estallees
Aux deux yeux du Soleil.

Rauisseur enragé,
Il perd en sa colere
Et l'Aigneau & la mere:
Et dans son fil changé
Est souuent oultragé

Celuy qui point n'y penſe:
Et meſme ſa fureur
Deſrobe l'eſperance
Du maigre laboureur.
      Ainſi l'homme boüillant
Qui ſe laiſſe conduyre
A la rage de l'ire,
D'vn eſprit turbulant
Va ſes membres ſoüillant
Dans vne mort ſanglante:
Et enferre, cruel,
La perſonne innocente
Auec le criminel.

Trope des enfans de Iacob, Demy Trope.

Qve ſonges tu caignard maintenant au foyé
Puiſqu'vn ſi beau chemin deuất toy s'eſt frayé?
      Demy Trop.
Quoy Iſrael? dors-tu? as tu perdu la trace
Et l'animoſité de ton antique race?
      Trop.
Nos ayeux aymoyent mieux cent mile fois mourir,
Qu'vn acte vicieux à leurs portes nourrir.
      Demy Trop.
C'eſt bien peu d'eſtre iſſu de race genereuſe
Si du pere on ne ſuit la ſente vertueuſe.
      Trop.
Oublier tel forfait ſans en auoir raiſon?
      Demy Trop.
Souffrir ſi lache tour dedans noſtre maiſon?

Trop.

I'atteste le grand ciel & ses flambeaux nocturnes,
Que tout le reste ira aux ombres taciturnes.

Demy trop.

Ces paillards sont deia foudroyez aux enfers:
Mais il faut que leurs champs se changent en desers,
Et que leurs iardins soyent vne plaine sterile,
Et leur sale cité perde le nom de ville.

Trop.

Laissons à nos neueux vne eternelle horreur
Pour marque du delict & de nostre fureur.

Demy Trop.

Ha, gentil Simeon! que tu as de courage
De force, de vertu, & de sens plus que d'age
Et toy l'autre moy-mesme, & toy frere Leui,
Que ton cœur inuincible auiourd'huy m'a raui.
Vos punissantes mains ont commencé l'ouurage,
Mais ores nous allons mettre à chef ce carnage.

Trop.

Il faut le residu en pieces chiqueter:
Qui pourra la dedans à nos coups resister?
Qu'il ne demeure rien non plus que si la foudre
Eslancee du ciel auoit tout mis en pouldre:
Qu'on voye à mille flots les flammes ondoyer,
Qu'on oye les mourants horriblement crier:
Et prenons des troupeaux les bestes toutes viues
Les filles, les enfants, & les femmes captiues.

Iacob, Simeon, Leui.

Falloit il malheureux! tant tant se desborder?
Falloit il donc ainsi dans Sichem aborder?
Falloit il donc meurdrir d'vne main si sanglante,
Auec le criminel la personne innocente?

Vn seul ou deux au plus nous auoyent offencez,
Vn seul ou deux au plus nous auoyent courroucez,
Falloit il donc meurdrier mille innocens & mille,
Et pour vn mettre en feu & en sang vne vie?

Simeon.

Vn Prince mal viuant de son peuple est suiuy:
Son peuple s'il vit bien fait ainsi comme luy.
Si le Prince a du bien le peuple s'en contente.
S'il a du mal il faut que le peuple s'en sente.

Iacob.

Ah ah pauure Iacob! Ah pere malheureux!
Impatiens regrets! ô iours trop langoureux
Qui me traines par force à l'age decrepite,
Auec mille trauaux que le temps me suscite!
Ma fille est violee, & mes cruels enfans
Ont bandé contre moy tous les Cananeans,
Naturels habitants de cette riche terre,
Qui mutinez, viendront me mouuoir vne guerre.
Où sera mon secours en ce lieu estranger,
Quand mille hommes contre vn viendront sur moy
Leui.   (charger.

Vn noble cœur ne peut souffrir la vilennye,
Vn noble cœur ne peut voir telle tyrannie.
I'ayme mieux trespasser de cent diuerses morts,
Que de voir Israel souillé par tels efforts:
La mort me sera douce, apres l'aspre vengeance
Qui a puny le tort d'vne execrable offence,
Quoy! vouliez vous laisser impuny ce vilain,
Abusant de ma sœur comme d'vne putain?

FIN.

www.ingramcontent.com/pod-product-compliance
Lightning Source LLC
Chambersburg PA
CBHW070930280326
41934CB00009B/1820